TEXTE COMPLET

DE LA NOUVELLE LOI

SUR

LES ACCIDENTS DU TRAVAIL

Du 11 Avril 1898

Y COMPRIS LE DÉCRET

Loi mise en vigueur seulement le 1er Juillet 1899
et une Note explicative sur ladite Loi

PAR

Georges BANCAL

AVOCAT

Prix : 1 Franc

MONTPELLIER

IMPRIMERIE Gustave FIRMIN et MONTANE
Rue Ferdinand-Fabre et quai du Verdanson

MDCCCXCIX

TEXTE COMPLET

DE LA NOUVELLE

LOI SUR LES ACCIDENTS DU TRAVAIL

Du 9 Avril 1898

Y COMPRIS LE DÉCRET

PRÉFACE

Après près de vingt ans, les Chambres françaises ont fini par élaborer et mettre la dernière main à une loi sur les accidents.

Quelle est cette loi ? Que vaut-elle ? L'avenir nous l'apprendra. Néanmoins elle a certains bons côtés qui réalisent un véritable progrès, c'est d'éviter, dans la mesure du possible, les contestations judiciaires et de fixer en principe l'indemnité qui, en cas d'accident, est due à l'ouvrier, victime de l'accident pendant les heures de travail.

En faisant ce petit opuscule, nous avons eu un but, celui d'éclairer les patrons et les chefs d'atelier sur les responsabilités qui leur incombent, ainsi que l'ouvrier sur les droits que lui confère la nouvelle loi. Nous avons voulu aussi faciliter les maires et les juges de paix, sinon dans l'application de la nouvelle loi, du moins les guider dans la marche qu'ils auront à suivre en cas de déclaration d'accident, ainsi que des conseils qu'ils seront appelés à donner. J'ai tout lieu d'espérer que, dans ces conditions, Messieurs les chefs d'entreprises et patrons, Messieurs les maires et juges de paix voudront bien réserver une modeste place dans leur bibliothèque à ce petit traité.

TITRE PREMIER

Indemnités en cas d'accidents

Article Premier. — Les accidents survenus par le fait du travail, ou à l'occasion du travail, aux ouvriers et employés occupés dans l'industrie du bâtiment, les usines, manufactures, chantiers, les entreprises de transports par terre et par eau, de chargement et de déchargement, les magasins publics, mines, minières, carrières et, en outre, dans toute exploitation ou partie d'exploitation dans laquelle sont fabriquées ou mises en œuvre des matières explosibles, ou dans laquelle il est fait usage d'une machine mue par une force autre que celle de l'homme ou des animaux, donnent droit, au profit de la victime ou de ses représentants, à une indemnité à la charge du chef d'entreprise, à la condition que l'interruption de travail ait duré plus de quatre jours.

Les ouvriers qui travaillent seuls d'ordinaire ne pourront être assujettis à la présente loi par le fait de la collaboration accidentelle d'un ou de plusieurs de leurs camarades.

Art. 2. — Les ouvriers et employés désignés à l'article précédent ne peuvent se prévaloir, à raison des accidents dont ils sont victimes dans leur travail, d'aucunes dispositions autres que celles de la présente loi.

Ceux dont le salaire annuel dépasse 2.400 francs ne bénéficient de ces dispositions que jusqu'à concurrence de cette somme. Pour le surplus, ils n'ont droit qu'au quart des rentes ou indemnités stipulées à l'article 3, à moins de conventions contraires quant au chiffre de la quotité.

Art. 3. — Dans les cas prévus à l'article 1er, l'ouvrier ou l'employé a droit :

Pour l'incapacité absolue et permanente, à une rente égale aux deux tiers de son salaire annuel ;

Pour l'incapacité partielle et permanente, à une rente égale à la moitié de la réduction que l'accident aura fait subir au salaire ;

Pour l'incapacité temporaire, à une indemnité journalière égale à la moitié du salaire touché au moment de l'accident, si l'incapacité de travail a duré plus de quatre jours et à partir du cinquième jour.

Lorsque l'accident est suivi de mort, une pension est servie aux personne ci-après désignées, à partir du décès, dans les conditions suivantes :

A. — Une rente viagère égale à 20 pour 100 du salaire annuel de la victime pour le conjoint survivant non divorcé ou séparé de corps, à la condition que le mariage ait été contracté antérieurement à l'accident.

En cas de nouveau mariage, le conjoint cesse d'avoir droit à la rente mentionnée ci-dessus ; il lui sera alloué, dans ce cas, le triple de cette rente à titre d'indemnité totale.

B. — Pour les enfants légitimes ou naturels, reconnus avant l'accident, orphelins de père ou de mère, âgés de moins de seize ans, une rente calculée sur le salaire annuel de la victime à raison de 15 pour 100 de ce salaire s'il n'y a qu'un enfant, de 25 pour 100 s'il y en a deux, de 35 pour 100 s'il y en a trois, et 40 pour 100 s'il y en a quatre ou un plus grand nombre.

Pour les enfants orphelins de père et de mère, la rente est portée pour chacun d'eux, à 20 pour 100 du salaire.

L'ensemble de ces rentes ne peut, dans le premier cas, dépasser 40 pour 100 du salaire, ni 60 pour 100 dans le second.

C. — Si la victime n'a ni conjoint, ni enfants dans les termes des paragraphes A et B, chacun des ascendants et descendants qui était à sa charge recevra une rente, viagère pour les ascendants et payable jusqu'à seize ans pour les descendants. Cette rente sera égale à 10 pour 100 du salaire annuel de la victime, sans que le montant total des rentes ainsi allouées puisse dépasser 30 pour 100.

Chacune des rentes prévues par le paragraphe C est, le cas échéant, réduite proportionnellement.

Les rentes constituées en vertu de la présente loi sont payables par trimestre ; elles sont incessibles et insaisissables.

Les ouvriers étrangers, victimes d'accidents, qui cesseront de résider sur le territoire français recevront, pour toute indemnité, un capital égal à trois fois la rente qui leur avait été alloué.

Les représentants d'un ouvrier étranger ne recevront aucune indemnité si, au moment de l'accident, ils ne résidaient pas sur le territoire français.

Art. 4. — Le chef d'entreprise supporte en outre les frais médicaux et pharmaceutiques et les frais funéraires. Ces derniers sont évalués à la somme de 100 francs au maximum.

Quant aux frais médicaux et pharmaceutiques, si la victime a fait choix elle-même de son médecin, le chef d'entreprise ne peut être tenu que jusqu'à concurrence de la somme fixée par le juge de paix du canton, conformément aux tarifs adoptés dans chaque département pour l'assistance médicale gratuite.

Art. 5. — Les chefs d'entreprise peuvent se décharger pendant les trente, soixante ou quatre-vingt-dix premiers jours à partir de l'accident, de l'obligation de payer aux victimes les frais de maladie et l'indemnité temporaire, ou une partie seulement de cette indemnité comme il est spécifié ci-après, s'ils justifient :

1. Qu'ils ont affilié leurs ouvriers à des sociétés de secours mutuels et pris à leur charge une quote-part de la cotisation qui aura été déterminée d'un commun accord, et en se conformant aux statuts-type approuvés par le Ministre compétent, mais qui ne devra pas être inférieure au tiers de cette cotisation ;

2. Que ces Sociétés assurent à leurs membres, en cas de blessures, pendant trente, soixante ou quatre-vingt-dix jours, les soins médicaux et pharmaceutiques et une indemnité journalière.

Si l'indemnité journalière servie par la Société est inférieure à la moitié du salaire quotidien de la victime, le chef d'entreprise est tenu de lui verser la différence.

Art. 6. — Les exploitants de mines, minières et carrières peuvent se décharger des frais et indemnités mentionnés à l'article précédent, moyennant une subvention annuelle versée aux Caisses ou Sociétés de secours constituées dans ces entreprises en vertu de la loi du 29 juin 1894.

Le montant et les conditions de cette subvention devront être acceptés par la Société et approuvés par le Ministre des travaux publics.

Ces deux dispositions seront applicables à tous autres chefs d'industrie qui auront créé en faveur de leurs ouvriers des caisses particulières de secours en conformité du titre III de la loi du 29 juin 1894. L'approbation prévue ci-dessus sera, en ce qui les concerne, donnée par le Ministre du commerce et de l'industrie.

Art. 7. — Indépendamment de l'action résultant de la présente loi, la victime ou ses représentants conservent, contre les auteurs de l'accident autres que le patron ou ses ouvriers et préposés, le droit de réclamer la réparation du préjudice causé, conformément aux règles du droit commun.

L'indemnité qui leur sera allouée exonèrera à due concurrence le chef d'entreprise des obligations mises à sa charge.

Cette action contre les tiers responsables pourra même être exercée par le chef d'entreprise, à ses risques et périls, au lieu et place de la victime ou de ses ayants droit, si ceux-ci négligent d'en faire usage.

Art. 8. — Le salaire qui servira de base à la fixation de l'indemnité allouée à l'ouvrier âgé de moins de seize ans ou à l'apprenti victime d'un accident ne sera pas inférieur au salaire le plus bas des ouvriers valides de la même catégorie occupés dans l'entreprise.

Toutefois, dans le cas d'incapacité temporaire, l'indemnité de l'ouvrier âgé de moins de seize ans ne pourra pas dépasser le montant de son salaire.

Art. 9. — Lors du règlement définitif de la rente viagère, après le délai de revision prévu à l'article 19, la victime peut demander que le quart au plus du capital nécessaire à l'établissement de cette rente, calculé d'après les tarifs dressés pour les victimes d'accidents par la Caisse des retraites pour la vieillesse, lui soit attribué en espèces.

Elle peut aussi demander que ce capital, ou ce capital réduit du quart au plus, comme il vient d'être dit, serve à constituer sur sa tête une rente viagère réversible, pour moitié au plus, sur la tête de son conjoint. Dans ce cas, la rente viagère sera diminuée de façon qu'il ne résulte de la réversibilité aucune augmentation de charges pour le chef d'entreprise.

Le tribunal, en chambre du conseil, statuera sur ces demandes.

Art. 10. — Le salaire servant de base à la fixation des rentes s'entend, pour l'ouvrier occupé dans l'entreprise pendant les douze mois écoulés avant l'accident, de la rémunération effective qui lui a été allouée pendant ce temps, soit en argent, soit en nature.

Pour les ouvriers occupés pendant moins de douze mois avant l'accident, il doit s'entendre de la rémunération effective qu'ils ont reçue depuis leur entrée dans l'entreprise, augmentée de la rémunération moyenne qu'ont reçue, pendant la période nécessaire pour compléter les douze mois, les ouvriers de la même catégorie.

Si le travail n'est pas continu, le salaire annuel est calculé tant d'après la rémunération reçue pendant la période d'activité que d'après le gain de l'ouvrier pendant le reste de l'année.

TITRE II

Déclaration des accidents et Enquête

Art. 11. — Tout accident ayant occasionné une incapacité de travail doit être déclaré, dans les quarante-huit heures, par le chef d'entreprise ou ses préposés, au maire de la commune qui en dresse procès-verbal.

Cette déclaration doit contenir les noms et adresses des témoins de l'accident. Il y est joint un certificat de médecin indiquant l'état de la victime, les suites probables de l'accident et l'époque à laquelle il sera possible d'en connaître le résultat définitif.

La même déclaration pourra être faite par la victime ou ses représentants.

Récépissé de la déclaration et du certificat du médecin est remis par le maire au déclarant.

Avis de l'accident est donné immédiatement par le maire à l'inspecteur divisionnaire ou départemental du travail ou à l'ingénieur ordinaire des mines chargé de la surveillance de l'entreprise.

L'article 15 de la loi du 2 novembre 1892 et l'article 11 de la loi du 12 juin 1893 cessent d'être applicables dans les cas visés par la présente loi.

Art. 12. — Lorsque, d'après le certificat médical, la blessure paraît devoir entraîner la mort ou une incapacité permanente absolue ou partielle de travail, le maire transmet immédiatement copie de la déclaration et le certificat médical au juge de paix du canton où l'accident s'est produit.

Dans les vingt-quatre heures de la réception de cet avis, le juge de paix procède à une enquête à l'effet de rechercher :

1. La cause, la nature et les circonstances de l'accident ;
2. Les personnes victimes et le lieu où elles se trouvent ;

3. La nature des lésions ;

4. Les ayants droit pouvant, le cas échéant, prétendre à une indemnité ;

5. Le salaire quotidien et le salaire annuel des victimes.

Art. 13. — L'enquête a lieu contradictoirement dans les formes prescrites par les articles 35, 36, 37, 38 et 39 du Code de procédure civile, en présence des parties intéressées ou celles-ci convoquées d'urgence par lettre recommandée.

Le juge de paix doit se transporter auprès de la victime de l'accident qui se trouve dans l'impossibilité d'assister à l'enquête.

Lorsque le certificat médical ne lui paraîtra pas suffisant, le juge de paix pourra désigner un médecin pour examiner le blessé.

Il peut aussi commettre un expert pour l'assister dans l'enquête.

Il n'y a pas lieu, toutefois, à nomination d'expert dans les entreprises administrativement surveillées, ni dans celles de l'Etat placées sous le contrôle d'un service distinct du service de gestion, ni dans les établissements nationaux où s'effectuent des travaux que la sécurité publique oblige à tenir secrets. Dans ces divers cas, les fonctionnaires chargés de la surveillance ou du contrôle de ces établissements ou entreprises, et, en ce qui concerne les exploitations minières, les délégués à la sécurité des ouvriers mineurs, transmettent au juge de paix, pour être joint au procès-verbal d'enquête, un exemplaire de leurs rapports.

Sauf les cas d'impossibilité matérielle, dûment constatés dans le procès-verbal, l'enquête doit être close dans le plus bref délai et, au plus tard, dans les dix jours à partir de l'accident. Le juge de paix avertit, par lettre recommandée, les parties de la clôture de l'enquête et du dépôt de la minute au greffe, où elles pourront, pendant un délai de cinq jours, en prendre connaissance et s'en faire délivrer une expédition, affranchie du timbre et de l'enregistrement. A l'expiration de ce délai de cinq jours, le dossier de l'enquête est transmis au président du tribunal civil de l'arrondissement.

Art. 14. — Sont punis d'une amende de 1 à 15 francs les chefs d'industrie ou leurs préposés qui ont contrevenu aux dispositions de l'article 11.

En cas de récidive dans l'année, l'amende peut être élevée de 16 à 300 francs.

L'article 463 du code pénal est applicable aux contraventions prévues par le présent article.

TITRE III

Compétence. — Juridictions. — Procédure
Revision.

Art. 15. — Les contestations entre les victimes d'accidents et les chefs d'entreprise, relatives aux frais funéraires, aux frais de maladie ou aux indemnités temporaires, sont jugées en dernier ressort par le juge de paix du canton où l'accident s'est produit, à quelque chiffre que la demande puisse s'élever.

Art. 16. — En ce qui touche les autres indemnités prévues par la présente loi, le président du tribunal de l'arrondissement convoque, dans les cinq jours, à partir de la transmission du dossier, la victime ou ses ayants droit et le chef d'entreprise, qui peut se faire représenter.

S'il y a accord des parties intéressées, l'indemnité est définitivement fixée par l'ordonnance du président, qui donne acte de cet accord.

Si l'accord n'a pas lieu, l'affaire est renvoyée devant le tribunal qui statue comme en matière sommaire, conformément au titre XXIV du livre II du code de procédure civile.

Si la cause n'est pas en état, le tribunal sursoit à statuer et l'indemnité temporaire continuera à être servie jusqu'à la décision définitive.

Le tribunal pourra condamner le chef d'entreprise à payer une provision, sa décision sur ce point sera exécutoire nonobstant appel.

Art. 17. — Les jugements rendus en vertu de la présente loi sont susceptibles d'appel selon les règles du droit commun. Toutefois l'appel devra être interjeté dans les quinze jours de la date du jugement s'il est contradictoire, et, s'il est par défaut, dans la quinzaine à partir du jour où l'opposition ne sera plus recevable.

L'opposition ne sera plus recevable en cas de jugement par défaut contre partie, lorsque le jugement aura été signifié à personne, passé le délai de quinze jours à partir de cette signification.

La cour statuera d'urgence dans le mois de l'acte d'appel. Les parties pourront se pourvoir en cassation.

Art. 18. — L'action en indemnité prévue par la présente loi se prescrit par un an à dater du jour de l'accident.

Art. 19. — La demande en revision de l'indemnité fondée sur une aggravation ou une atténuation de l'infirmité de la victime ou son décès par suite des conséquences de l'accident, est ouverte pendant trois ans à dater de l'accord intervenu entre les parties ou de la décision définitive.

Le titre de pension n'est remis à la victime qu'à l'expiration des trois ans.

Art. 20. — Aucune des indemnités déterminées par la présente loi ne peut être attribuée à la victime qui a intentionnellement provoqué l'accident.

Le tribunal a le droit, s'il est prouvé que l'accident est dû à une faute inexcusable de l'ouvrier, de diminuer la pension fixée au titre Ier.

Lorsqu'il est prouvé que l'accident est dû à la faute inexcusable du patron ou de ceux qu'il s'est substitués dans la direction, l'indemnité pourra être majorée, mais sans que la rente viagère ou le total des rentes viagères allouées puisse dépasser soit la réduction, soit le montant du salaire annuel.

Art. 21. — Les parties peuvent toujours, après détermination du chiffre de l'indemnité due à la victime de l'accident, décider que le service de la pension sera suspendu et remplacé, tant que l'accord subsistera, par tout autre mode de réparation.

Sauf dans le cas prévu à l'article 3, paragraphe A, la pension pourra être remplacée par le paiement d'un capital que si elle n'est pas supérieure à 100 francs.

Art. 22. — Le bénéfice de l'assistance judiciaire est accordé de plein droit, sur le visa du procureur de la République, à la victime de l'accident ou à ses ayants droit, devant le tribunal ;

A cet effet, le président du tribunal adresse au procureur de la République, dans les trois jours de la comparution des parties prévue par l'article 16, un extrait de son procès-verbal de non-conciliation; il y joint les pièces de l'affaire.

Le procureur de la République procède comme il est prescrit à l'article 13 (paragraphe 2 et suivants) de la loi du 22 janvier 1851.

Le bénéfice de l'assistance judiciaire s'étend de plein droit aux instances devant le juge de paix, à tous les actes d'exécution mobilière et immobilière, et à toute contestation incidente à l'exécution des décisions judiciaires.

TITRE IV

Garanties

Art. 23. — La créance de la victime de l'accident ou de ses ayants droit, relative aux frais médicaux, pharmaceutiques et funéraires, ainsi qu'aux indemnités allouées à la suite de l'incapacité temporaire de travail, est garantie par le privilége de l'article 2101 du Code civil et y sera inscrite sous le n° 6.

Le paiement des indemnités pour incapacité permanente de travail ou accidents suivis de mort est garanti conformément aux dispositions des articles suivants.

Art. 24. — A défaut, soit par les chefs d'entreprise débiteurs, soit par les Sociétés d'assurances à primes fixes ou mutuelles, ou les Syndicats de garantie liant solidairement tous leurs adhérents, de s'acquitter, au moment de leur exigibilité, des indemnités mises à leur charge à la suite d'accidents ayant entraîné la mort ou une incapacité permanente de travail, le paiement en sera assuré aux intéressés par les soins de la Caisse nationale des retraites pour la vieillesse, au moyen d'un fonds spécial de garantie constitué comme il va être dit et dont la gestion sera confiée à ladite Caisse.

Art. 25. — Pour la constitution du fonds spécial de garantie, il sera ajouté au principal de la contribution des patentes des industriels visés par l'article 1er, 4 centimes additionnels. Il sera perçu sur les mines une taxe de 5 centimes par hectare concédé.

Ces taxes pourront, suivant les besoins, être majorées ou réduites par la loi des finances.

Art. 26. — La Caisse nationale des retraites exercera un recours contre les chefs d'entreprise débiteurs, pour le compte desquels des sommes auront été payées par elle, conformément aux dispositions qui précèdent.

En cas d'assurance du chef d'entreprise, elle jouira, pour le remboursement de ses avances, du privilége de l'article 2102 du Code civil sur l'indemité dué par l'assureur et n'aura plus de recours contre le chef d'entreprise.

Un règlement d'administration publique déterminera les conditions d'organisation et de fonctionnement du service conféré par les dispositions précédentes à la Caisse nationale des retraites, et notamment les formes du recours à exercer contre les chefs d'entreprise débiteurs ou les Sociétés d'assurances et les Syndicats de garantie, ainsi que les conditions dans lesquelles les victimes d'accidents ou leurs ayants droit seront admis à réclamer à la Caisse le paiement de leurs indemnités.

Les décisions judiciaires n'emporteront hypothèque que si elles sont rendues au profit de la Caisse des retraites exerçant son recours contre les chefs d'entreprise ou les Compagnies d'assurances.

Art. 27. — Les Compagnies d'assurances mutuelles ou à primes fixes contre les accidents, françaises ou étrangères, sont soumises à la surveillance et au contrôle de l'Etat et astreintes à constituer des réserves ou cautionnements dans les conditions déterminées par un règlement d'administration publique.

Le montant des réserves ou cautionnements sera affecté par privilège au paiement des pensions et indemnités.

Les Syndicats de garantie seront soumis à la même surveillance et un règlement d'administration publique déterminera les conditions de leur création et de leur fonctionnement.

Les frais de toute nature résultant de la surveillance et du contrôle seront couverts au moyen de contributions proportionnelles au montant des réserves ou cautionnements, et fixés annuellement, pour chaque compagnie ou association, par arrêté du Ministre du commerce.

Art. 28. — Le versement du capital représentatif des pensions allouées en vertu de la présente loi ne peut être exigé des débiteurs.

Toutefois, les débiteurs qui désireront se libérer en une fois, pourront verser le capital représentatif de ces pensions à la Caisse nationale des retraites, qui établira à cet effet, dans les six mois de la promulgation de la présente loi, un tarif tenant compte de la mortalité des victimes d'accidents et de leurs ayants droit.

Lorsqu'un chef d'entreprise cesse son industrie, soit volontairement, soit par décès, liquidation judiciaire ou faillite, soit par cession d'établissement, le capital représentatif des pensions à sa charge devient exigible de plein droit et sera versé à la Caisse nationale des retraites. Ce capital sera déterminé au jour de son exigibilité, d'après le tarif visé au paragraphe précédent.

Toutefois, le chef d'entreprise ou ses ayants droit peuvent être exonérés du versement de ce capital, s'ils fournissent des garanties qui seront à déterminer par un règlement d'administration publique.

TITRE V

Dispositions générales

Art. 29. — Les procès-verbaux, certificats, actes de notoriété, significations, jugements et autres actes faits ou rendus en vertu et pour l'exécution de la présente loi sont délivrés gratuitement, visés pour timbre et enregistrés gratis lorsqu'il y a lieu à la formalité de l'enregistrement.

Dans les six mois de la promulgation de la présente loi, un décret déterminera les émoluments des greffiers de justice de paix pour leur assistance et la rédaction des actes de notoriété, procès-verbaux, certificats, significations, jugements, envois de lettres recommandées, extraits, dépôt de la minute d'enquête au greffe, et pour tous les actes nécessités par l'application de la présente loi, ainsi que les frais de transport auprès des victimes et d'enquête sur place.

Art. 30. — Toute convention contraire à la présente loi est nulle de plein droit.

Art. 31. — Les chefs d'entreprise sont tenus, sous peine d'une amende de 1 à 15 francs, de faire afficher dans chaque atelier la présente loi et les règlements d'administration relatifs à son exécution.

En cas de récidive dans la même année, l'amende sera de 16 à 100 francs.

Les infractions aux dispositions des articles 11 et 31 pourront être constatées par les inspecteurs du travail.

Art. 32. — Il n'est point dérogé aux lois, ordonnances et règlements concernant les pensions des ouvriers, apprentis et journaliers appartenant aux ateliers de la marine et celles des ouvriers immatriculés des manufactures d'armes dépendant du Ministère de la guerre.

Art. 33. — La présente loi ne sera applicable que trois mois après la publication officielle des décrets d'administration publique qui doivent en régler l'exécution.

Art. 34. — Un règlement d'administration publique déterminera les conditions dans lesquelles la présente loi pourra être appliquée à l'Algérie et aux colonies.

DÉCRETS

Portant règlement d'administration publique pour l'exécution des articles 26, 27 et 28 de la loi du 9 avril 1898

(28 Février 1899)

I

Le Président de la République française,

Sur le rapport du ministre du commerce, de l'industrie, des postes et des télégraphes,

Vu les avis du ministre des finances, en date des 5 décembre 1898 et 21 janvier 1899 ;

Vu l'avis du ministre de la justice, en date du 29 octobre 1898 ;

Vu la loi du 9 avril 1898 et notamment le troisième paragraphe de l'article 26 ainsi conçu : « Un règlement d'administration publique déterminera les conditions d'organisation et de fonctionnement du service conféré par les dispositions précédentes à la Caisse nationale des retraites et notamment les formes du recours à exercer contre les chefs d'entreprise débiteurs ou les Sociétés d'assurances et les Syndicats de garantie, ainsi que les conditions dans lesquelles les victimes d'accidents ou leurs ayants droits seront admis à réclamer à la caisse le payement de leurs indemnités » ;

Vu la loi du 20 juillet 1886 et le décret du 28 décembre 1886 ;

Le Conseil d'État entendu,

Décrète :

TITRE PREMIER

Conditions dans lesquelles les victimes d'accidents ou leurs ayants droit sont admis à réclamer le payement de leurs indemnités.

Article premier. — Tout bénéficiaire d'une indemnité liquidée en vertu de l'article 16 de la loi du 9 avril 1898, à la suite d'un accident ayant entraîné la mort ou une incapacité permanente de travail, qui n'aura pu obtenir le payement, lors de leur exigibilité, des sommes qui lui sont dues, doit en faire la déclaration au maire de la commune de sa résidence.

Art. 2. — La déclaration est faite soit par le bénéficiaire de l'indemnité ou son représentant légal, soit par un mandataire ; elle est exempte de tous frais.

Art. 3. — La déclaration doit indiquer :

1° Les nom, prénoms, âge, nationalité, état civil, profession, domicile du bénéficiaire de l'indemnité ;

2° Les nom et domicile du chef d'entreprise débiteur ou la désignation et l'indication du siège de la Société d'assurances ou du Syndicat de garantie qui aurait dû acquitter la dette à ses lieu et place ;

3° La nature de l'indemnité et le montant de la créance réclamée ;

4° L'ordonnance ou le jugement en vertu duquel agit le bénéficiaire ;

5° Le cas échéant, les nom, prénoms, profession et domicile du représentant légal du bénéficiaire ou du mandataire.

Art. 4. — La déclaration, rédigée par les soins du maire, est signée par le déclarant.

Le maire y joint toutes les pièces qui lui sont remises par le réclamant à l'effet d'établir l'origine de la créance, ses modifications ultérieures et le refus de payement opposée par le débiteur : chef d'entreprise, Société d'assurances ou Syndicat de garantie.

Art. 5. — Récépissé de la déclaration et des pièces qui l'accompagnent est remis par le maire au déclarant.

La déclaration et les pièces produites à l'appui sont transmises par le maire au directeur général de la Caisse des dépôts et consignations dans les vingt-quatre heures.

Art. 6. — Le directeur général de la Caisse des dépôts et consignations adresse, dans les quarante-huit heures à partir de sa réception, le dossier au juge de paix du domicile du débiteur, en l'invitant à convoquer celui-ci d'urgence par lettre recommandée.

Art. 7. — Le débiteur doit comparaître au jour fixé par le juge de paix soit en personne, soit par mandataire.

Il lui est donné connaissance de la réclamation formulée contre lui.

Procès-verbal est dressé par le juge de paix des déclarations faites par le comparant, qui appose sa signature sur le procès-verbal.

Art. 8. Le comparant qui ne conteste ni la réalité ni le montant de la créance est invité par le juge de paix soit à s'acquitter par-devant lui, soit à expédier au réclamant la somme due au moyen d'un mandat-carte et à communiquer au greffe le récépissé de cet envoi.

Cette communication doit être effectuée au plus tard le deuxième jour qui suit la comparution devant le juge de paix.

Le juge de paix statue sur le payement des frais de convocation.

Il constate, s'il y a lieu, dans son procès-verbal, la libération du débiteur.

Art. 9. — Dans le cas où le comparant, tout en reconnaissant la réalité et le montant de sa dette, déclare ne pas être en état de s'acquitter immédiatement, le juge de paix est autorisé, si les motifs invoqués paraissent légitimes, à lui accorder pour sa libération un délai qui ne peut excéder un mois.

Dans ce cas, en vue du payement immédiat prévu à l'article 13 ci-dessous, le procès-verbal dressé par le juge de paix constate la reconnaissance de dette et l'engagement pris par le comparant de se libérer dans le délai qui lui a été accordé au moyen soit d'un versement entre les mains du caissier de la Caisse des dépôts et consignations à Paris ou des préposés de la caisse dans les départements, soit de l'expédition d'un mandat-carte payable au caissier général à Paris.

Art. 10. — Si le comparant déclare ne pas être débiteur du réclamant ou n'être que partiellement son débiteur, le juge de paix constate dans son procès-verbal le refus total ou partiel de payement et les motifs qui en ont été donnés.

Il est procédé, pour l'acquittement de la somme non contestée, suivant les dispositions des articles 8 ou 9, tous droits restant réservés pour le surplus.

Art. 11. — Au cas où le débiteur convoqué ne comparaît pas au jour fixé, le juge de paix procède dans la huitaine à une enquête à l'effet de rechercher :

1· Si le débiteur convoqué n'a pas changé de domicile ;

2· S'il a cessé son industrie soit volontairement, soit par cession d'établissement, soit par suite de faillite ou de liquidation judiciaire et, dans ce cas, quel est le syndic ou le liquidateur, soit par suite de décès et, dans l'affirmative, par qui sa succursale est représentée.

Le procès-verbal dressé par le juge de paix constate la non-comparution et les résultats de l'enquête.

Art. 12. — Dans les deux jours qui suivent soit la libération immédiate du débiteur, soit sa comparution devant le juge de paix au cas où il a refusé le payement ou obtenu un délai, soit la clôture de l'enquête dont il est question en l'article précédent, le juge de paix adresse au directeur général de la Caisse des dépôts et consignations le dossier et y joint le procès-verbal par lui dressé.

Art. 13. — Dès la réception du dossier, s'il résulte du procès-verbal dressé par le juge de paix que le débiteur n'a pas contesté sa dette, mais ne s'en est pas libéré, ou si les motifs invoqués pour refuser le payement ne paraissent pas légitimes, le directeur général de la Caisse des dépôts et consignations remet au réclamant ou lui adresse, par mandat-carte, la somme à laquelle il a droit. Il fait parvenir également au greffier de la justice de paix le montant de ses déboursés et émoluments.

Il est procédé de même, si le débiteur ne s'est pas présenté devant le juge de paix et si la réclamation du bénéficiaire de l'indemnité paraît justifiée.

Art. 14. — Dans le cas où les motifs invoqués par le comparant pour refuser le payement paraissent fondés ou, en cas de non-comparution, si la réclamation formulée par le bénéficiaire ne semble pas suffisamment justifiée, le directeur général de la Caisse des dépôts et consignations renvoie, par l'intermédiaire du maire, au réclamant le dossier par lui produit en lui laissant le soin d'agir contre la personne dont il se prétend le créancier, conformément aux règles du droit commun.

Le montant des déboursés et émoluments du greffier est, en ce cas, acquitté par les soins du directeur général et imputé sur les fonds de garantie.

TITRE II

Du recours de la Caisse des retraites pour le recouvrement de ses avances et pour l'encaissement des capitaux exigibles.

Art. 15. — Le recours de la Caisse nationale des retraites est exercé aux requête et diligence du directeur général de la Caisse des dépôts et consignations, dans les conditions énoncées aux articles suivants.

Art. 16. — Dans les cinq jours qui suivent le payement fait au bénéficiaire de l'indemnité et au greffier de la justice de paix, conformément aux articles 13 et 14, ou à l'expiration du délai dont il est question à l'article 9, si le remboursement n'a pas été opéré dans ce délai, le directeur général de la Caisse des dépôts et consignations informe le débiteur, par lettre recommandée, du payement effectué pour son compte.

La lettre recommandée fait en même temps connaître que, faute par le débiteur d'avoir remboursé dans un délai de quinzaine le montant de la somme payée, d'après un des modes prévus au dernier alinéa de l'article 9, le recouvrement sera poursuivi par la voie judiciaire.

Art. 17. — A l'expiration du délai imparti par le deuxième alinéa de l'article 16 ci-dessus, il est délivré par le directeur général de la Caisse des dépôts et consignations, à l'encontre du débiteur qui ne s'est pas acquitté, une contrainte pour le recouvrement.

Art. 18. — La contrainte décernée par le directeur général de la Caisse des dépôts et consignations est visée et déclarée exécutoire par le juge de paix du domicile du débiteur.

Elle est signifiée par ministère d'huissier.

Art. 19. — L'exécution de la contrainte ne peut être interrompue que par une opposition formée par le débiteur et contenant assignation donnée au directeur général de la Caisse des dépôts et consignations devant le tribunal civil du domicile du débiteur.

2

Art. 20. — L'instance à laquelle donne lieu l'opposition à contrainte est suivie dans les formes et délais déterminés par l'article 65 de la loi du 22 frimaire, an VII, sur l'enregistrement.

Art. 21. — Les frais de poursuites et dépens de l'instance auxquels a été condamné le débiteur débouté de son opposition sont recouvrés par le directeur général de la Caisse des dépôts et consignations au moyen d'un état de frais taxé sur sa demande et rendu exécutoire par le président du tribunal.

Art. 22. — Lorsque le capital représentatif d'une pension est, conformément aux termes de l'article 28 de la loi du 9 avril 1898, devenu exigible par suite de la faillite ou de la liquidation judiciaire du débiteur, le directeur général de la Caisse des dépôts et consignations représentant la Caisse nationale des retraites pour la vieillesse, demande l'admission au passif pour le montant de sa créance.

Il est procédé dans ce cas, conformément aux dispositions des articles 491 et suivants du code de commerce et de la loi du 4 mars 1889 sur la liquidation judiciaire.

Art. 23. — En cas d'exigibilité du capital par suite d'une des circonstances prévues en l'article 28 de la loi du 9 avril 1898 autre que la faillite ou la liquidation judiciaire du débiteur, le directeur général de la Caisse des dépôts et consignations, par lettre recommandée, met en demeure le débiteur ou ses représentants d'opérer dans les deux mois qui suivront la réception de la lettre le versement à la Caisse nationale des retraites du capital exigible, à moins qu'il ne soit justifié que les garanties prescrites par le décret du 28 février 1899, portant règlement d'administration publique en exécution de l'article 28 de la loi ci-dessus visée, ont été fournies.

Art. 24. — Si, à l'expiration du délai de deux mois, le versement n'a pas été effectué ou les garanties exigées n'ont pas été fournies, il est procédé au recouvrement dans les mêmes conditions et suivant les formes énoncées aux articles 17 à 21 du présent décret.

Art. 25. — En dehors des délais fixés par les dispositions qui précèdent, le directeur général de la Caisse des dépôts et consignations peut accorder au débiteur tous délais ou toutes facilités de payement.

Le directeur général peut également transiger.

TITRE III

Organisation du fonds de garantie

Art. 26. — Le fonds de garantie institué par les articles 24 et 25 de la loi du 9 avril 1898 fait l'objet d'un compte spécial ouvert dans les écritures de la Caisse des dépôts et consignations.

Art. 27. — Le ministre du commerce adresse au Président de la République un rapport annuel, publié au *Journal officiel*, sur le fonctionnement général du fonds de garantie visé par les articles 24 à 26 de la loi du 9 avril 1898.

Art. 28. — Les recettes du fonds de garantie comprennent :

1° Les versements effectués par le Trésor public, représentant le montant des taxes recouvrées en conformité de l'article 25 de loi du 9 avril 1898 ;

2° Les recouvrements effectués sur les débiteurs d'indemnités dans les conditions prévues aux titres I et II du présent déeret ;

3° Les revenus et arrérages et le produit du remboursement des valeurs acquises en conformité de l'article 30 du présent décret ;

4° Les intérêts du fonds de roulement prévu au deuxième alinéa du même article.

Art. 29. — Les dépenses du fonds de garantie comprennent :

1° Les sommes payées aux bénéficiaires des indemnités ;

2° Les sommes versées sur des livrets individuels à la Caisse nationale des retraites pour la vieillesse et représentant les capitaux de pensions exigibles dans les cas prévus par l'art. 28, paragraphe 3, de la loi du 9 avril 1898 ;

3° Le montant des frais de toute nature auxquels donnent lieu le fonctionnement de garantie.

Art. 30. — Les ressources du fonds de garantie sont employées dans les conditions prescrites par l'art. 22 de la loi du 20 juillet 1886.

Les sommes liquides reconnues nécessaires pour assurer le fonctionnement du fonds de garantie sont bonifiées d'un intérêt calculé à un taux égal à celui qui est adopté pour le compte courant ouvert à la Caisse des dépôts et consignations dans les écritures du Trésor public.

Art. 31. — Le ministre du commerce, de l'industrie, des postes et des télégraphes, le ministre des finances et le garde des sceaux, ministre de la justice, sont chargés, chacun en ce qui le concerne, de l'exécution du présent décret, qui sera publié au *Journal officiel* de la République française et inséré au *Bulletin des Lois.*

Fait à Paris, le 28 février 1899.

EMILE LOUBET.

Par le Président de la République :

Le ministre du commerce, de l'industrie,
des postes et des télégraphes,

PAUL DELOMBRE.

Le ministre des finances,

P. PEYTRAL.

Le garde des sceaux, ministre de la justice,

GEORGES LEBRET.

II

Le Président de la République française,

Sur le rapport du ministre du commerce, de l'industrie, des postes et des télégraphes ;

Vu l'avis du ministre des finances, en date du 5 décembre 1898 ;

Vu la loi du 9 avril 1898 et notamment l'article 27 ainsi conçu :

« Les Compagnies d'assurances mutuelles ou à primes fixes contre les accidents, françaises ou étrangères, sont soumises à la surveillance et au contrôle de l'Etat et astreintes à constituer des réserves ou cautionnements dans les conditions déterminées par un règlement d'administration publique.

» Le montant des réserves ou cautionnements sera affecté, par privilège, au payement des pensions et indemnités.

» Les Syndicats de garantie seront soumis à la même surveillance, et un règlement d'administration publique déterminera les conditions de leur création et de leur fonctionnement.

» Les frais de toute nature résultant de la surveillance et du contrôle seront couverts au moyen de contributions proportionnelles au montant des réserves ou cautionnements et fixés annuellement, pour chaque compagnie ou association, par arrêté du ministre du commerce » ;

Vu le décret du 22 janvier 1868, portant règlement d'administration publique pour la constitution des Sociétés d'assurances ;

Le conseil d'Etat entendu,

Décrète :

TITRE PREMIER

Sociétés d'assurances mutuelles ou à primes fixes

CHAPITRE Iᵉʳ. — *Cautionnement et.réserves*

Article premier. — Toutes les sociétés qui pratiquent, dans les termes de la loi du 9 avril 1898, l'assurance mutuelle ou à primes fixes contre le risque des accidents de travail ayant entraîné la mort ou une incapacité permanente sont astreintes, pour ce risque, aux dispositions du présent titre.

Art. 2. — Indépendamment des garanties spécifiées aux articles 2 et 4 du décret du 22 janvier 1868 et de la réserve mathématique, les sociétés anonymes d'assurances françaises ou étrangères à primes fixes doivent justifier de la constitution préalable d'un cautionnement fixé d'après des bases que détermine le ministre, sur l'avis du comité consultatif prévu à l'article 16 ci-après, et affecté, par privilége, au payement des pensions et indemnités, conformément à l'article 27 de la loi.

Art. 3. — Le cautionnement est constitué, dans les quinze jours de la notification de la décision du ministre, à la Caisse des dépôts et consignations en valeurs énumérées au troisième paragraphe de l'article 8 ci-dessous. Il est revisé chaque année. Les titres sont estimés au cours moyen de la Bourse de Paris au jour du dépôt.

Art. 4. — Le cautionnement est versé au lieu où la Société a son siège principal, dans les conditions déterminées par les lois et règlements en vigueur sur la consignation des valeurs mobilières.

Les intérêts des valeurs déposées peuvent être retirés par la Société. Il en est de même, en cas de remboursement des titres avec primes ou lots, de la différence entre le prix de remboursement et le cours moyen à la Bourse de Paris, au jour fixé pour le remboursement, de la valeur sortie au tirage.

Le montant des remboursements, déduction faite de cette différence, doit être immédiatement remployé en achat de valeurs visées au troisième paragraphe de l'article 8, sur l'ordre de la Société, ou d'office, en rentes sur l'État, si la Société n'a pas donné d'ordre dans les quinze jours de la notification de remboursement faite, sous pli recommandé, par la Caisse des dépôts et consignations.

Il en est de même pour les fonds provenant d'aliénations de titres demandées par la Société.

Art. 5. — Les valeurs déposées ou les valeurs acquises en remploi de ces valeurs ne peuvent être retirées que : 1° dans le cas ou, le cautionnement exigible a été fixé, pour l'année courante, à un chiffre inférieur à celui de l'année précédente et jusqu'à concurrence de la différence ; 2° dans le cas où la Société, ayant versé à la Caisse nationale des retraites les capitaux constitutifs des rentes et indemnités assurées, justifie qu'elle a complètement rempli toutes ses obligations. Dans les deux cas, une décision du ministre du commerce est nécessaire.

Art. 6. — Indépendamment des garanties spécifiées à l'article 29 du décret du 22 janvier 1868, les Sociétés d'assurances mutuelles sont soumises aux dispositions des articles 2, 3, 4 et 5 ci-dessus.

Toutefois, le cautionnement qu'elles auront à verser est réduit de moitié pour celles de ces Sociétés dont les statuts stipulent :

1° Que la Société ne peut assurer que tout ou partie des risques prévus par l'article 3 de la loi du 9 avril 1898 ;

2° Qu'elle assure exclusivement soit les ouvriers d'une seule profession, soit les ouvriers de professions appartenant à un même groupe d'industries, d'après une classification générale arrêtée à cet effet par le ministre du commerce, après avis du comité consultatif ;

3° Que le maximum de contribution annuelle dont chaque sociétaire est passible pour le payement des sinistres est au moins double de la prime totale fixée par son contrat pour l'assurance de tous les risques, et triple de la prime partielle déterminée par le ministre du commerce, après avis du Comité consultatif, pour les mêmes professions et pour les risques définis à l'article 23 de la loi.

Art. 7. — Les Sociétés anonymes d'assurances à primes fixes et les Sociétés mutuelles d'assurances sont tenues de justifier, dès la deuxième année d'exploitation, de la constitution d'une *réserve mathématique* ayant pour minimum de valeur le montant des capitaux représentatifs des rentes et indemnités à servir à la suite d'accidents ayant entraîné la mort ou une incapacité permanente.

Les capitaux représentatifs sont calculés d'après un barème minimum déterminé par le ministre du commerce, après avis du comité consultatif.

Art. 8. — Le montant de la réserve mathématique est arrêté chaque année, la Société entendue, par le ministre du commerce et à l'époque qu'il détermine.

Cette réserve reste aux mains de la Société. Elle ne peut être placée que dans les conditions suivantes :

1° Pour les deux tiers au moins de la fixation annuelle, en valeurs de l'Etat ou jouissant d'une garantie de l'Etat ; en obligations négociables et entièrement libérées des départements, des communes et des chambres de commerce ; en obligations foncières et communales du Crédit foncier ;

2° Jusqu'à concurrence du tiers au plus de la fixation annuelle, en immeubles situés en France et en premières hypothèques sur ces immeubles, pour la moitié au maximum de leur valeur estimative ;

3° Jusqu'à concurrence d'un dixième, confondu dans le tiers précédent, en commandites industrielles ou en prêts à des exploitations industrielles de solvabilité notoire.

Pour la fixation prévue au paragraphe premier du présent article, les valeurs mobilières sont estimées à leur prix d'achat. Si leur valeur totale descend au-dessous de ces prix de plus d'un dixième, un arrêté du ministre du commerce oblige la Société à parfaire la différence en titres nouveaux, dans un délai qui ne peut être inférieur à deux ans ni supérieur à cinq ans.

Les immeubles sont estimés à leur prix d'achat ou de revient ; les prêts hypothécaires, les commandites industrielles ou les prêts à des Sociétés industrielles, aux prix établis par actes authentiques.

Art. 9. — Si les Sociétés visées aux articles 2 et 6 ci-dessus ne font point elles-mêmes le service des rentes et indemnités attribuables aux termes de l'article 3 de la loi du 9 avril 1898 pour les accidents ayant entraîné la mort ou une incapacité permanente de travail et si elles opèrent immédiatement le versement des capitaux constitutifs de ces rentes et indemnités à la Caisse nationale des retraites, il n'y a pas lieu pour elles à constitution de réserve mathématique.

Si ces Sociétés versent seulement, dans les conditions sus-désignées, une partie des capitaux constitutifs dont il s'agit, leur réserve mathématique est réduite proportionnellement.

Chapitre II. — *Surveillance et contrôle.*

Art. 10. — Les Sociétés visées à l'article 1er, qui assurent d'autres risques que celui résultant de l'application de la loi du 9 avril 1898 pour le cas de mort ou d'incapacité permanente ou qui assurent concurremment un risque analogue dans des pays étrangers, doivent établir, pour les opérations se rattachant à ce risque en France, une gestion et une comptabilité absolument distinctes.

Art. 11. — Toutes les Sociétés doivent communiquer immédiatement au ministre du commerce dix exemplaires de tous les règlements, tarifs, polices, prospectus et imprimés distribués ou utilisés par elles.

Les polices doivent :

1° Reproduire textuellement les articles 3, 9, 19 et 30 de la loi du 9 avril 1898 ;

2° Spécifier qu'aucune clause de déchéance ne pourra être opposée aux ouvriers créanciers ;

3° Stipuler que les contrats se trouveraient résiliés de plein droit dans le cas où la Société cesserait de remplir les conditions fixées par la loi et le présent décret.

Art. 12. — Les Sociétés doivent produire au ministre du commerce, aux dates fixées par lui :

1° Le compte rendu détaillé annuel de leurs opérations, avec des tableaux financiers et statistiques annexes dans les conditions déterminées par arrêté ministériel, après avis du comité consultatif. Ce compte rendu doit être délivré, par les Sociétés intéressées, à toute personne qui en fait la demande, moyennant payement d'une somme qui ne peut excéder 1 franc ;

2° L'état des salaires assurés et l'état des rentes et indemnités correspondant au risque spécifié à l'article 1er, ainsi que tous autres états ou documents manuscrits que le ministre juge nécessaires à l'exercice du contrôle.

Art. 13. — Elles sont soumises à la surveillance permanente de commissaires-contrôleurs, sous l'autorité du ministre du commerce, et peuvent être, en outre, contrôlées par toute personne spécialement déléguée à cet effet par le ministre.

Art. 14. — Les commissaires-contrôleurs sont recrutés, dans les conditions déterminées, par arrêté du ministre du commerce, après avis du comité consultatif.

Ils prêtent serment de ne pas divulguer les secrets commerciaux dont ils auraient connaissance dans l'exercice de leurs fonctions.

Ils sont spécialement accrédités, pour des périodes fixées, auprès des Sociétés qu'ils ont mission de surveiller.

Ils vérifient, au siège des Sociétés, l'état des assurés et des salaires assurés, les contrats intervenus, les écritures et pièces comptables, la caisse, le portefeuille, les calculs des réserves et tous les éléments de contrôle propres, soit à établir les opérations dont résultent des obligations pour les Sociétés, soit à constater la régulière exécution tant des statuts que des prescriptions contenues dans le décret du 22 janvier 1868, dans le présent décret et dans les arrêtés ministériels qu'il prévoit.

Ils se bornent à ces vérifications et constatations, sans pouvoir donner aux Sociétés aucune instruction, ni apporter à leur fonctionnement aucune entrave.

Ils rendent compte au ministre du commerce, qui seul prescrit, dans les formes et délais qu'il fixe, les redressements nécessaires.

Art. 15. — A l'aide des rapports de vérification et des contre-vérifications auxquelles il peut faire procéder soit d'office, soit à la demande des Sociétés intéressées, le ministre du commerce présente, chaque année, au Président de la République, un rapport d'ensemble établissant la situation de toutes les Sociétés soumises à la surveillance.

Il adresse, le cas échéant, à chacune des Sociétés, les injonctions nécessaires et la met en demeure de s'y conformer.

Art. 16. — Il est constitué, auprès du ministre du commerce, un « Comité consultatif des assurances contre les accidents du travail » dont l'organisation est réglée par arrêté du ministre.

Ce Comité doit être consulté dans les cas spécifiés par le présent décret et par les décrets du même jour, rendus en exécution des articles 26 et 28 de la loi du 9 avril 1898. Il peut être saisi par le ministre de toutes autres questions relatives à l'application de ladite loi.

Art. 17. — Le décret du 22 janvier 1868 demeure applicable aux Sociétés régies par le présent décret, en toutes celles de ses dispositions qui ne lui sont pas contraires.

Art. 18. — Chaque année, avant le 1ᵉʳ décembre, le ministre du commerce arrête, après avis du Comité consultatif, et publie au *Journal officiel* la liste des Sociétés mutuelles ou à primes fixes, françaises ou étrangères, qui fonctionnent dans les conditions prévues par les articles 26 et 27 de la loi du 9 avril 1898 et par le présent décret.

Art: 19. — Dès que, après fixation du cautionnement dans les conditions déterminées par les articles 2 et 6 ci-dessus, chaque Société actuellement existante aura effectué à la Caisse des dépôts et consignations le versement du montant de ce cautionnement, mention de cette formalité sera faite au *Journal officiel* par les soins du ministre du commerce, en attendant la publication de la première liste générale prévue à l'article 18.

Il en sera de même, ultérieurement, pour les Sociétés constituées après publication de la liste générale annuelle.

Art. 20. — Les Sociétés étrangères doivent accréditer auprès du ministre du commerce et de la Caisse des dépôts et consignations un agent spécialement préposé à la direction de toutes les opérations faites en France pour les assurances visées à l'article premier.

Cet agent représente seul la Société auprès de l'administration. Il doit être domicilié en France.

TITRE II

Syndicats de garantie

Art. 21. — Les Syndicats de garantie prévus par la loi du 9 avril 1898 lient solidairement tous leurs adhérents pour le paiement des rentes et indemnités attribuables en vertu de la même loi à la suite d'accidents ayant entraîné la mort ou une incapacité permanente.

La solidarité ne prend fin que lorsque le Syndicat de garantie a liquidé entièrement ses opérations soit directement, soit en versant à la Caisse nationale des retraites l'intégralité des capitaux constitutifs des rentes et indemnités dues.

La liquidation peut être périodique.

Art. 22. — Ces Syndicats de garantie doivent comprendre au moins 5,000 ouvriers assurés et 10 chefs d'entreprise adhérents, dont 5 ayant au moins chacun 300 ouvriers.

Art. 23. — Le fonctionnement de chaque Syndicat est réglé par des statuts, qui doivent être soumis, avant toute opération, à l'approbation du Gouvernement.

Il est statué, par décret rendu en Conseil d'Etat, sur le rapport du ministre du commerce, après avis du Comité consultatif des assurances contre les accidents du travail, au vu des statuts souscrits et des pièces justifiant des conditions et des engagements prévus aux articles 21 et 22 ci-dessus.

Art. 24. — Le décret portant approbation des statuts règle :

1° Le fonctionnement de la surveillance et du contrôle, dans des conditions analogues à celles que détermine le chapitre II du titre Iᵉʳ du présent décret ;

2° Les conditions dans lesquelles l'approbation peut être révoquée et les mesures à prendre, en ce cas, pour le versement des capitaux constitutifs des pensions et indemnités en cours.

Art. 25. — Les contributions pour frais de surveillance sont fixées d'après le montant du cautionnement auquel serait astreinte une Société d'assurances pour le même chiffre de salaires assurés.

Art. 26. — Le ministre du commerce, de l'industrie, des postes et des télégraphes et le ministre des finances sont chargés, chacun en ce qui le concerne, de l'exécution du présent décret, qui sera publié au *Journal officiel* de la République française et inséré au *Bulletin des lois*.

Fait à Paris, le 28 février 1899.

ÉMILE LOUBET.

Par le Président de la République :

Le ministre du commerce, de l'industrie,
des postes et des télégraphes,

PAUL DELOMBRE.

Le ministre des finances,

P. PEYTRAL.

III

Le Président de la République française,

Sur le rapport du ministre du commerce, de l'industrie, des postes et des télégraphes ;

Vu l'avis du ministre des finances, en date du 2 février 1899 ;

Vu la loi du 9 avril 1898 et notamment les deux derniers alinéas de son article 28 ainsi conçus :

« Lorsqu'un chef d'entreprise cesse son industrie, soit volontairement, soit par décès, liquidation judiciaire ou faillite, soit par cession d'établissement, le capital représentatif des pensions à sa charge devient exigible de plein droit et sera versé à la Caisse nationale des retraites. Ce capital sera déterminé au jour de son exigibilité, d'après le tarif visé au paragraphe précédent.

» Toutefois, le chef d'entreprise ou ses ayants droit peuvent être exonérés du versement de ce capital s'ils fournissent des garanties qui seront à déterminer par un règlement d'administration publique.»

Vu le décret du 28 février 1899, portant règlement d'administration publique en exécution de l'article 26 de la loi ci-dessus visée, et notamment les articles 22 à 25 dudit décret relatifs à l'exigibilité des capitaux représentatifs des pensions dues en vertu de la loi du 9 avril 1898 ;

Vu le décret du même jour portant règlement d'administration publique en exécution de l'article 27 de la loi ci-dessus visée, et notamment le titre II relatif aux syndicats de garantie prévus par ladite loi ;

Le Conseil d'Etat entendu,

Décrète :

Article Premier. — Lorsqu'un chef d'entreprise cesse son industrie dans les cas prévus par l'avant-dernier alinéa de l'article 28 de la loi du 9 avril 1898, ce chef d'entreprise ou ses ayants droit peuvent être exonérés du versement à la Caisse nationale des retraites du capital représentatif des pensions à leur charge s'ils justifient :

1° Soit du versement de ce capital à une des Sociétés visées à l'article 18 du décret du 28 février 1899, portant règlement d'administration publique en exécution de l'article 27 de la loi ci-dessus visée ;

2° Soit de l'immatriculation d'un titre de rente pour l'usufruit au nom des titulaires de pensions, le montant de la rente devant être au moins égal à celui de la pension.

3° Soit du dépôt à la Caisse des dépôts et consignations, avec affectation à la garantie des pensions, de titres spécifiés au paragraphe 3 de l'article 8 du décret précité. La valeur de ces titres, établie d'après le cours moyen de la Bourse de Paris au jour du dépôt doit correspondre au chiffre maximum qu'est susceptible d'atteindre le capital constitutif exigible par la Caisse nationale des retraites. Elle peut être revisée tous les trois ans à la valeur actuelle des pensions, d'après le cours moyen des titres au jour de la revision ;

4° Soit de l'affiliation du chef d'entreprise à un syndicat de garantie liant solidairement tous ses membres et garantissant le payement des pensions ;

5° Soit, en cas de cession d'établissement, de l'engagement pris par le cessionnaire, vis-à-vis du directeur général de la Caisse des dépôts et consignations, d'acquitter les pensions dues et de rester solidairement responsable avec le chef d'entreprise.

Art. 2. — Des arrêtés du ministre du commerce, pris après avis du Comité consultatif des assurances contre les accidents, règlent les mesures nécessaires à l'application du présent décret.

Art. 3. — Le ministre du commerce, de l'industrie, des postes et des téléraphes et le ministre des finances sont chargés, chacun en ce qui le concerne, de l'exécution du présent décret, qui sera publié au *Journal officiel* de la République française et inséré au *Bulletin des lois.*

Fait à Paris, le 28 février 1899.

ÉMILE LOUBET.

Par le Président de la République :

Le ministre du commerce, de l'industrie,
des postes et des télégraphes,
PAUL DELOMBBE.

Le ministre des finances.
P. PEYTRAL.

ARRÊTÉ MINISTÉRIEL DU 29 MARS 1899

déterminant les bases des cautionnements que doivent constituer les sociétés d'assurances contre les accidents du travail.

ARTICLE PREMIER. — Le cautionnement, dont la constitution préalable est prévue par l'article 2 du décret du 28 février 1899 susvisé, doit représenter pour les sociétés françaises :

1° La première année de fonctionnement sous le régime du dit décret, 400,000 fr. ;

2° Les années ultérieures, 2 0/0 du total des salaires ayant servi de base aux assurances pendant la dernière année, sans que, toutefois, la somme ainsi calculée puisse être inférieure à 400,000 fr., ni supérieure à 2 millions.

ART. 2. — Si la société, d'après ses statuts, n'assure que des ouvriers d'une même profession ou de plusieurs professions présentant un risque identique, le cautionnement doit représenter, sauf application du minimum et du maximum fixés à l'article précédent, une fois et demi la valeur des primes brutes à verser pour couvrir le risque d'accidents ayant entraîné la mort ou une incapacité permanente, à moins, toutefois, que la prime adoptée par la société se trouve inférieure à la prime déterminée par arrêté ministériel, en exécution du dernier alinéa de l'art. 6 du décret du 28 février 1899 susvisé. Dans ce dernier cas, la prime déterminée par arrêté ministériel sert de base au calcul du cautionnement.

ART. 3. — Pour les sociétés dont les statuts stipulent que les capitaux constitutifs de toutes les rentes ou indemnités prévues par la loi du 9 avril 1898 en cas d'accident ayant entraîné la mort ou une incapacité permanente, doivent être immédiatement versés à la Caisse nationale des retraites, le cautionnement ne doit représenter que la moitié de la somme spécifiée, suivant les cas, soit à l'article 1ᵉʳ, soit à l'article 2 du présent arrêté, le minimum étant alors réduit à 200,000 fr. et le maximum à 1 million.

ART. 4. — Pour les sociétés étrangères, le cautionnement est fixé sur les bases respectivement fixées par les articles 1, 2 et 3 ci-dessus, avec majoration de 50 0/0, le minimum étant alors de 600,000 fr. ou de 910,000 fr. et le maximum de 3 millions et de 1,500,000 fr., suivant le cas.

Paris, le 2 mars 1899.

PAUL DELOMBRE.

COMMENTAIRE DE LADITE LOI

La loi du 9 avril 1898, promulguée seulement 15 mois après le vote des deux Chambres, soit le 1ᵉʳ juillet 1899, peut-être qualifiée , malgré sa trop longue gestation, de loi hâtive et à côté de très bonnes dispositions, elle en contient une bien mauvaise, qui sera désastreuse pour le patron et préjudiciable au bon ouvrier.

C'est ainsi qu'elle a institué le risque professionnel ; il était de jurisprudence constante et de toute équité de laisser à l'ouvrier la responsabilité de ses actes, les anciens l'avaient si bien compris, qu'il y avait un adage latin ainsi conçu : « *quisque suum* », à chacun selon ses œuvres. Cette maxime, qui avait fini par être érigée en loi, donnait satisfaction à tout le monde , aussi bien au bon ouvrier qu'au patron. Les Chambres en ont jugé autrement, et, à l'avenir, le risque professionnel étant admis , le patron sera responsable, vis-à-vis même de son ouvrier, non seulement de toutes les imprudences que ce dernier pourra commettre, mais même des fautes lourdes et sans excuse, en sorte que, dans un siècle de progrès comme le nôtre, l'ouvrier sera seul à jouir de ce privilège excessif.

Le commandant de navire qui perd son bateau, alors même qu'il n'a rien à se reprocher, passe devant un conseil de guerre ; pour peu qu'il soit accusé de négligence, il recevra un blâme ; s'il y a faute, il voit son avancement rayé pour toujours, et si, par malheur pour lui, il y a faute inexcusable, il est cassé de son grade ou mis à la réforme.

Les médecins qui, par inadvertance ou négligence constatées, sont la cause de la mort de leurs malades, sont condamnés, vis-à-vis de la famille, à une réparation pécuniaire ; s'il y a faute lourde, l'indemnité est plus élevée ; s'il y a faute inexcusable, une pénalité beaucoup plus forte, quelquefois la prison, leur est appliquée ; les notaires, les avocats, les avoués, les huissiers sont soumis à la même loi et, suivant la faute commise, ils encourent une responsabilité plus ou moins grande.

Les auteurs du Code civil, admettant le principe de la responsabilité, avaient édicté les articles 1382, 1383, 1384 du Code civil qui disent :

« Tout fait quelconque de l'homme qui cause à autrui un dommage oblige celui par la faute duquel il est arrivé à le réparer ».

« Chacun est responsable du dommage qu'il a causé, non seulement par son fait, mais encore par ses négligences ou par son imprudence ».

» On est responsable, non seulement du dommage que l'on cause par son propre fait, mais encore de celui qui est causé par le fait

» des personnes dont on doit répondre, ou des choses que l'on a
» sous sa garde ».

Ces articles, comme on le voit, étaient absolument justes ; chacun
était responsable de ses actes, c'est précisément ce qui constitue
l'essence d'une civilisation. La Chambre, dans l'intention, mal comprise à notre avis, de favoriser l'ouvrier, a, non seulement en sa
faveur, abolit lesdits articles, mais a admis en principe que l'ouvrier qui avait commis même une faute inexcusable aurait droit à
une pension.

En effet, à l'article 20, il est dit :

« Le Tribunal a le droit, s'il est prouvé que l'accident est dû à une
» faute inexcusable de l'ouvrier, de diminuer la pension fixée au titre
» premier ».

Qu'entend-t-on par faute inexcusable ? A ce sujet nous laissons
la parole à M. Thévenet, rapporteur de la loi, dans la séance du
Sénat en date du 20 mars 1896.

« La commission s'est trouvée en face des mots « faute lourde »
» qui avaient été employés dans la rédaction précédente ; nous
» avons pensé que l'expression de faute lourde ne traduisait pas
» exactement notre pensée, qu'elle ne caractérisait pas suffisamment
» la faute qui devait être commise par l'ouvrier pour que le risque
» professionnel ne fût pas appliqué, et alors, nous avons pris la
» formule « faute inexcusable » que nous avons trouvée dans un
» amendement de M. Félix Martin ».

Il résulte donc de l'adoption de l'article 20 que l'ouvrier qui,
formellement, sciemment et volontairement, aura transgressé les
ordres de son patron et aura été peut-être la cause de la ruine de ce
dernier, recevra lui ou sa veuve une rente perpétuelle, c'est-à-dire
que l'un ou l'autre toucheront à une époque, où suivant les lois de
la nature, ils auront subi les déchéances physiques et morales de
tout être vivant, ils toucheront, disons-nous, à un âge avancé, 70,
75 ans et plus, une rente qui, à coup sûr, ne leur est pas légitimement due, en sorte que l'ouvrier laborieux et consciencieux qui
n'aura eu rien à se reprocher dans sa longue carrière, pourra être
sur ses vieux jours dans la plus extrême misère, alors que le mauvais ouvrier touchera, en raison d'une faute sans excuse, qu'il aura
commise dans le temps, une rente que sa mauvaise volonté et
même sa désobéissance lui ont acquise. Il semble qu'en toute
justice les législateurs auraient dû mettre un terme à cette pension
et laisser à la charge de l'État ou de la famille, l'entretien de celui
qui, à ce moment-là, par le fait de son âge ou de ses infirmités
naturelles, est incapable de subvenir à sa propre existence.

On a fait aussi à cette loi un reproche lequel, à notre avis, n'est pas
mérité : c'est celui de faire supporter au patron des charges beaucoup
plus lourdes lorsque son ouvrier est père de famille, en ce sens que
la pension, en cas d'accident, est majorée suivant le nombre des
enfants.

Nous trouvons que le législateur a bien fait et il était de souveraine justice d'indemniser plus largement une famille nombreuse, dont l'unique soutien n'est plus là. Nous ne partageons pas à ce sujet l'avis de certains publicistes non sans talent, qui auraient voulu laisser à la charge de l'Etat, l'entretien de la famille, car si, en fait, il n'y a pas de lien direct entre la famille de l'ouvrier et le patron, il n'en est pas moins vrai que, dans la plupart des cas, l'ouvrier père de famille donne plus de satisfaction à ses patrons que l'ouvrier célibataire.

En effet, dans la crainte de perdre une place où il trouve toute satisfaction pour ses intérêts, il apportera dans l'exécution du travail qui lui est confié, la plus grande sollicitude pour les intérêts de son patron, en sorte qu'après 30 ans de service, on pourra dire qu'il a largement gagné la plus-value de l'indemnité à laquelle il aurait droit si un malheur irréparable venait à lui arriver. Au reste, pour tranquiliser les hommes mariés pères de famille et ne pas effrayer les patrons sur les conséquences de cette loi, après avoir étudié une statistique admirablement bien faite, établie par M. Hamon, professeur d'assurances à l'Institut Commercial de Paris, il résulte qu'on a exagéré bien à tort le surcroît de risques occasionnés par l'emploi des hommes mariés et pères de famille. Voici, en effet, ce que dit ce distingué professeur :

« Or cette différence de charges est en réalité de peu d'importance, « eu égard à la totalité des dépenses occasionnées par l'ensemble « des accidents. Si l'on applique, en effet, à la France, les données » statistiques des assurances obligatoires allemande et autrichienne, » on peut prévoir qu'il surviendra chaque année, dans l'ensemble de » l'industrie, environ 100,000 accidents motivant indemnité, parmi » lesquels 2,200 cas de mort seulement, soit 2 1/2 0/0 du total d'acci- » dents. Cette proportion de 2 1/2 0/0 suffit déjà à faire prévoir que la » dépense occasionnée par les cas de mort, qui sont les seuls pour » lesquels intervienne la considération de l'état civil de la victime, » ne peut être qu'une fraction relativement faible du total des indem- » nités. C'est ce qui explique pourquoi les sociétés d'assurances » contre les accidents, opérant sur des grands nombres et ne tenant » compte que des proportions relatives à l'ensemble, n'ont pas d'in- » térêt sérieux à tarifer différemment les industriels employant des » célibataires et ceux employant des hommes mariés. La déclaration » faite dernièrement à la Commission parlementaire d'assurance et » de prévoyance sociales par le syndicat des sociétés d'assurances à » primes fixes confirme cette manière de voir. Elle montre égale- » ment que, même si les compagnies voulaient établir des distinc- » tions de ce genre, elles seraient dans l'impossibilité de le faire. »

Du reste, la jurisprudence et l'humanité n'avaient pas attendu cette nouvelle loi et la famille nombreuse, en cas d'accident de son chef obtenait soit des tribunaux, soit du patron lui-même, une indemnité basée sur les charges de ladite famille et c'était justice.

Un bon côté aussi de cette loi, et il faut savoir en louer le Parlement, c'est d'avoir accordé l'assistance judiciaire sans exception à tous les ouvriers,

Il était, en effet, inhumain de laisser l'ouvrier sans défense vis-à-vis de son riche patron qui, à la longue, par des subtilités de procédure, finissait, nous ne dirons pas par lasser la patience de la victime de l'accident, mais par épuiser sa bourse. Dans un siècle de justice et de progrès, il fallait qu'il y eût parité et l'assistance judiciaire met sur le même pied d'attaque et de défense le patron et l'ouvrier.

En ce qui nous concerne, nous n'aurions jamais admis la faute inexcusable, mais dans l'intérêt de l'ouvrier qui, par suite des inventions nouvelles, électricité, vapeur, etc., est plus en danger qu'autrefois, nous aurions mis à la charge du patron, ce qui est déjà excessif, les cas fortuits ou de force majeure qui, jusqu'à présent, avaient été à la charge de l'ouvrier.

Toute l'économie de la loi, reposant en quelque sorte sur les responsabilités encourues, nous nous sommes étendus, un peu longuement peut-être, sur la trop grande responsabilité qu'encourent actuellement les patrons ; nous avons voulu qu'ils soient absolument fixés à ce sujet.

QUELQUES COMMENTAIRES ET EXPLICATIONS
SUR CETTE LOI

A quelle catégorie d'industrie ou de profession s'applique cette loi ? A notre avis, à toutes les professions et industries, sans exception, sauf aux agriculteurs, à la condition toutefois qu'ils travaillent sans faire usage de machines, etc. Voici, du reste, l'article unique qui régit la législation sur les accidents agricoles.

« *Article unique.* — Les accidents occasionnés par l'emploi de machines mues par des moteurs inanimés, et dont sont victimes, par le fait ou à l'occasion du travail, les personnes, quelles qu'elles soient, occupées à la conduite ou au service de ces moteurs ou machines, sont à la charge de l'exploitant dudit moteur.

» Est considéré comme exploitant, l'individu ou la collectivité qui dirige le moteur ou le fait diriger par ses préposés.

» Si la victime n'est pas salariée ou n'a pas un salaire fixe, l'indemnité due est calculée, selon les tarifs de la loi du 9 avril 1898, d'après le salaire moyen des ouvriers agricoles de la commune.

» En dehors du cas ci-dessus déterminé, la loi du 9 avril 1898 n'est pas applicable à l'agriculture ».

Cet article a été voté fin juin 1899. Il n'y a donc plus maintenant de discussion possible, car il résulte de cette loi, qui ne laisse prise à aucun double sens, que le propriétaire n'est justiciable de la présente loi, que tout autant qu'il fait usage de machines mues par d'autres forces que celles des animaux ou de l'homme. Il est donc régi par l'ancienne loi, c'est-à-dire par les articles 1382-83-84, etc. du Code civil.

La loi s'applique donc, comme nous l'avons dit au début, à tout le monde, excepté aux agriculteurs. M. Thévenet, rapporteur de la loi, s'exprimait ainsi sur les termes de l'article premier de la loi, adopté dans la séance du 19 mars 1896 :

« Je tiens à donner au Sénat des explications sur l'énumération » contenue dans l'article premier.

» Cette énumération renferme des termes généraux, des termes » qui embrassent, à notre avis, toutes les professions.

» Nous n'avons excepté formellement que l'agriculture, lorsque » nous avons écarté les moteurs mis en mouvement par les ani- » maux ».

Il résulte de ces explications que tout industriel, patron, usinier, etc., tombe sous l'application de la présente loi. Néanmoins, on a fait une exception pour les ouvriers qui travaillent seuls et qui, à l'occasion, dans un cas pressant, recourent aux bons offices, salariés, il est vrai, d'un ou plusieurs camarades.

Cette exception est formellement indiquée dans l'article premier adopté par le Sénat, dans sa séance du 20 mars 1896, à la suite de l'amendement de M. Baudens :

« Je viens vous demander de ne pas transformer en patron l'ou- » vrier qui travaille seul habituellement, qui n'a pas un chantier, un » atelier plutôt, qui n'a pas, pourrait-on dire, un capital d'exploita- » tion, qui n'est, en un mot, qu'un simple ouvrier qui, par imprévu, » sera obligé de se faire aider par un camarade, que lui-même ira » aider le lendemain pour un travail semblable ».

A cela le rapporteur a répondu :

« L'espèce prévue par M. Baudens n'est pas le moins du monde » celle visée dans l'article premier. Nous avons eu bien soin de dire » dans l'article premier qu'il fallait qu'il y eût un chef d'entreprise ; » or, ces mots ne s'appliquent évidemment qu'à un patron employant » des ouvriers sous ses ordres, les dirigeant, ayant un véritable » chantier, petit ou grand.

» Dans l'hypothèse de l'honorable M. Baudens, il s'agit, non d'une » entreprise, mais d'une simple collaboration. »

Mais l'ouvrier employé dans les conditions ci-dessus prévues, s'il ne tombe pas sous l'application de la présente loi, n'en est pas moins régi par le droit commun, c'est-à-dire les articles 1382-1383 du Code civil.

En ce qui concerne l'indemnité à laquelle est condamné le patron vis-à-vis de l'ouvrier, en vertu du jugement du Tribunal civil, il n'y a pas, par exception, hypothèque judiciaire.

Les décisions rendues en matière d'accident n'emportent pas hypothèque ; mais comme la loi n'a pas voulu que l'ouvrier victime d'un accident pût perdre un centime de l'indemnité à laquelle il a droit en cas d'insolvabilité du patron, c'est la Caisse nationale des retraites qui lui payera son indemnité et celle-ci, pour se payer des débours, pourra attaquer le patron et, dans ce cas-là, le jugement rendu au profit de la Caisse nationale des retraites emportera, de plein droit, hypothèque au profit de celle-ci. Cette disposition de la loi nous paraît des plus équitables, le législateur n'ayant pas voulu qu'en cas d'insolvabilité du patron, le pauvre diable, à qui il serait arrivé un accident, en fût pour ses jambes ou ses bras cassés.

Pour alimenter cette Caisse nationale des retraites, on a eu recours à un procédé qu'au fond nous n'approuvons pas : c'est celui de faire payer à tous les industriels 0,04 c. additionnels. Ces centimes réunis doivent, d'après les probabilités, fournir une somme d'environ 800.000 francs, largement suffisante pour alimenter ladite caisse.

Quand un patron doit payer à son ouvrier, en cas d'accident temporaire, la moitié du salaire quotidien, doit-il payer tous les jours du mois ou bien en excepter les jours fériés et dimanches ? A notre avis, la règle doit être générale et il doit payer toutes les journées sans exceptions : jours, fêtes et dimanches.

En cas de maladie grave, qui doit entraîner des soins plus ou moins coûteux, le tribunal peut condamner le patron ou chef d'entreprise à fournir une provision, et ce, nonobstant appel (art. 16).

Une définition qui me paraît incomplète et qui peut, dans certains cas, être interprétée contre l'ouvrier, est l'article premier, conçu ainsi : « Les accidents survenus par le fait du travail ou à l'occasion du travail ». Cette rédaction, disons-nous, est incomplète ; on aurait dû y ajouter : « et dans tous les services commandés. » Il arrive souvent, en effet, qu'un accident se produit, en dehors du travail, à l'occasion du travail. Un exemple récent, malheureusement fatal à la victime, puisqu'elle en est morte, s'est produit aux environs de Montpellier, dans une campagne appartenant à une haute personnalité occupant dans la hiérarchie sociale une grande situation.

L'employé victime dudit accident, qui fut suivi de mort, avait reçu l'ordre, de l'homme d'affaires dudit domaine, d'accompagner sa femme avec sa charette, le lendemain, à 4 heures du matin, pour qu'elle pût assister, à Montpellier, à une messe de mort. En revenant, à la suite d'un accident, dont je n'ai pas ici à rechercher la cause, l'ouvrier, en tombant de la charrette, se fit une blessure mortelle. Il mourut quelques instants après l'accident. Il est de toute évidence qu'avec la rédaction actuelle de la loi, la famille de ce malheureux ouvrier, n'aurait eu droit à rien, et c'est ce qui est arrivé, attendu, que ce n'était ni à l'occasion du travail ni par le fait du travail que ledit accident s'était produit ; mais il n'en est pas moins vrai, que l'ouvrier ne pouvait pas se soustraire à l'ordre qui lui était donné, et s'il a été victime d'un accident, on ne saurait le contester, c'est dans un service commandé.

En combien de catégories sont divisées les blessures ou accidents non suivis de mort. Les Compagnies ont fait, à ce sujet, des classifications exactes adoptées, du reste, par la nouvelle loi :

1º Blessures qui entraînent une incapacité absolue et permanente de travail ;

2º Blessures ou accidents qui déterminent une incapacité partielle et permanente de travail ;

3º Celles qui ocasionnent une incapacité temporaire de travail.

1re Catégorie. — Blessures qui entraînent une incapacité absolue et permanente de travail.

Exemple : Amputation des deux jambes, des deux bras, perte des deux yeux, des deux mains, des deux pieds.

La rente annuelle et viagère sera, dans ce cas, des 2/3 du salaire. On entend par salaire une moyenne déterminée qui constitue la paye journalière de l'ouvrier.

2e Catégorie. — Blessures qui déterminent une incapacité partielle et permanente de travail.

Exemple : Amputation d'un bras, d'une jambe, d'une main.

Pour cette catégorie, la rente viagère est égale à la moitié de la réduction du salaire. Ainsi, si le salaire à la suite de l'accident a été réduit à 600 francs par an, la moitié sera de 300.

3e Catégorie. — Blessures qui entraînent une incapacité temporaire de travail ; sur cette catégorie, pas d'explication. Il s'agit là d'un accident qui n'a occasionné à la victime aucune détérioration de son corps ; dans ce cas-là, elle a droit, pendant le cours de la maladie occasionnée par l'accident, à une indemnité journalière égale à la la moitié du salaire, frais médicaux et pharmaceutiques. Quant à l'ouvrier dont le salaire est supérieur à 2,400 francs par an, il ne bénéficie des dispositions de la présente loi que jusqu'à concurrence de cette somme.

Pour le surplus, il n'a droit qu'au quart des rentes ou indemnités stipulées à l'article 3, à moins de conventions contraires quant au chiffre de quotité. Exemple : en cas d'incapacité absolue et permanente de travail pour un ouvrier gagnant 6,000 francs par an, la rente ne sera calculée que sur 2,400 francs. Il recevra donc les 2/3 de 2,400 soit 1,600 francs, mais pour l'en sus il n'aura droit qu'au quart des indemnités fixées à l'article 3, soit, sur 3,600 francs, le 1/4, 900 francs, qui ajoutés à 1,600 produiront la rente annuelle de 2,500 francs. Il en sera de même au prorata pour les autres catégories d'accidents.

Nous l'avons déjà dit, pour le paiement de ces indemnités, l'ouvrier n'a aucune crainte à avoir : si le patron ne le paie pas, c'est l'Etat qui le paiera.

En cas d'incapacité temporaire, en dehors de l'indemnité quotidienne, l'ouvrier a droit aux frais médicaux et pharmaceutiques.

Comme garantie de l'indemnité quotidienne, frais médicaux et pharmaceutiques, l'ouvrier jouit du privilège de l'article 2101 du Code civil ; mais son privilège viendra : 1° après les frais de justice ; 2° les frais funéraires du chef de l'industrie, les frais de la dernière maladie de ce dernier ; 3° les salaires des gens de service et 4° les fournitures et subsistances au chef d'industrie et sa famille.

Notre petit livre est terminé, mais il nous reste encore quelques mots à dire. Il résulte de l'ensemble de la loi qu'en cas d'accidents, les patrons seront fortement atteints, et les charges que ladite loi *fait* peser sur eux seront considérables. L'institution du risque professionnel, et l'admission, en faveur de l'ouvrier, de la faute inexcusable et sans excuse ne font qu'aggraver et ce, dans des conditions indéfinies, la situation des patrons. Il n'a donc pas d'illusion à se faire ; en cas d'accidents de l'ouvrier, sa responsabilité pécuniaire sera toujours engagée il doit donc, dans son propre intérêt, recourir à une assurance qui, en cas de mort, prendra son lieu et place. Ici nous allons lui donner deux conseils absolument désintéressés et qu'il ne regrettera pas d'avoir suivis. Qu'il s'assure à la compagnie de son choix, mais qu'il exige de cette compagnie qu'elle lui fournisse la preuve irréfutable qu'elle a été agréée par l'État, et qu'elle a fourni, conformément à la nouvelle loi, le cautionnement exigé, soit actuellement pour les Compagnies françaises 400,000 francs.

Dans ces conditions, en vertu de l'article 26, le patron est absolument à couvert, l'Etat renonçant à ses droits sur lui en cas d'accident ; Celui d'exiger des Compagnies qu'elles inscrivent sur le contrat, qu'elles renoncent à opposer à l'ouvrier, en cas d'accident, aucune déchéance, d'aucune sorte.

Nous croyons avoir résumé dans son ensemble et à grandes lignes cette loi dont la gestation a duré plus de vingt ans, et sommes convaincus, que ce livre sera, en quelque sorte, un petit code et un petit dictionnaire indispensable à tous ceux que ladite loi intéresse.

DÉCLARATION D'ACCIDENT DE TRAVAIL [A]

(Art. 11 de la loi du 9 avril 1898)

(1) Nom, prénoms, spécifier la qualité de chef d'entreprise, *ou* de préposé du chef d'entreprise, *ou* de victime de l'accident, *ou* de représentant de la victime.

Le soussigné (1),

déclare à M. le maire de la commune de
canton de
arrondissement de
département de
conformément à l'article 11 de la loi du 9 avril 1898, qu'un accident ayant occasionné une incapacité de travail est survenu à (2)

(2) Nom, prénoms et adresse de la victime.

(3) Date et heure de l'accident.

le (3)
dans (4)

(4) Indiquer la nature de l'établissement et le lieu où il est situé, ainsi que l'atelier où a eu lieu l'accident.

De cet accident ont été témoins (5)

(5) Noms, prénoms et adresses.

Je joins à la présente déclaration un certificat médical émanant du docteur (6)
et indiquant l'état de la victime, les suites probables de l'accident et l'époque à laquelle il sera possible d'en connaître le résultat définitif.

(6) Nom et adresse.

Fait à   , le   189 .

(Signature.)

[A] Cette déclaration doit être remise à la mairie dans les quarante-huit heures de l'accident.

DÉPARTEMENT
d

ARRONDISSEMENT
d

CANTON
d

RÉPUBLIQUE FRANÇAISE

MAIRIE D

RÉCÉPISSÉ DE DÉCLARATION D'ACCIDENT DE TRAVAIL

(Art. 11 de la loi du 9 avril 1898)

(1) Nom et prénoms du maire.

(2) Nom et prénoms du déclarant.

(3) Nom, prénoms et adresse de la victime.

Nous, soussigné (1)
maire de la commune de
donnons récépissé à M. (2)

de la déclaration de l'accident survenu à (3)

qu'il a déposée ce jour à la mairie, à   heures ,
et du certificat médical qu'il a joint, conformément à la loi, à ladite déclaration.

Fait à   , le   189 .

(Signature.)

MODÈLE III

DÉPARTEMENT

d .

ARRONDISSEMENT

d

CANTON

d

RÉPUBLIQUE FRANÇAISE

MAIRIE D

PROCÈS-VERBAL DE DÉCLARATION D'ACCIDENT DU TRAVAIL-

(Art. 11 de la loi du 9 avril 1898)

(1) Nom et prénoms.

(2) Indiquer la date et l'heure.

(3) Indiquer les nom, prénoms, profession et adresse, soit du chef d'entreprise, s'il fait la déclaration lui-même, soit de son préposé, en mentionnant son emploi dans l'entreprise, soit des représentants de la victime, en mentionnant à quel titre ils la représentent (père, mère, conjoint, enfant, mandataire, etc.).
Si la déclaration est faite par la victime elle-même, indiquer ici les renseignements prévus ci-après sous le n° 5.

(4) Indiquer la nature de l'établissement et le lieu ou il est situé, ainsi que l'atelier où a eu lieu l'accident.

(5) Indiquer les nom, prénoms, âge, sexe, profession et adresse de la victime.

(6) Indiquer les noms, professions et adresses.

(7) Indiquer ici les conclusions du certificat médical en ce qui concerne les *suites* probables de l'accident.

La déclaration et le certificat médical ont été annexés au présent procès-verbal...

(8) Rayer la première de ces deux formules si, d'après le certificat médical, la blessure ne paraît pas devoir entraîner la mort ou une incapacité permanente absolue ou partielle de travail
Dans le cas contraire, rayer la seconde.

Par devant nous, soussigné (1),
maire de la commune d
a comparu le (2)
M. (3)

qui nous a remis, en exécution de l'article 11 de la loi du 9 avril 1898, une déclaration relative à un accident survenu le (2)
dans (4)

à (5)

Cette déclaration constate :

1° Que l'accident résulte de

2° Que les témoins de l'accident sont (6)

A cette déclaration était joint un certificat de
M. (1)   médecin à
constatant que l'accident susvisé
paraissait devoir entraîner (7)

pour être enregistrés et classés aux archives de la mairie (8).
pour la déclaration être classée et enregistrée aux archives de la mairie et le certificat médical être immédiatement transmis à la justice de paix avec copie de ladite déclaration (8).

Fait et arrêté le présent procès-verbal les jour, mois et an que dessus, lequel a été signé avec nous par le déclarant après lecture faite.

(*Signatures.*)

MONTPELLIER. — IMPRIMERIE CHARLES MONTANE.

www.ingramcontent.com/pod-product-compliance
Lightning Source LLC
Chambersburg PA
CBHW060447210326
41520CB00015B/3868